INSTITUT ÉGYPTIEN

# SOUDAN NILOTIQUE

PAR M. PROMPT

ADMINISTRATEUR FRANÇAIS DES CHEMINS DE FER ÉGYPTIENS

Communication faite à l'Institut égyptien dans la séance du 20 janvier 1893.

LE CAIRE

IMPRIMERIE NATIONALE

1893

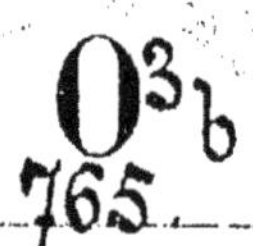

INSTITUT ÉGYPTIEN

# SOUDAN NILOTIQUE

PAR M. PROMPT

ADMINISTRATEUR FRANÇAIS DES CHEMINS DE FER ÉGYPTIENS

Communication faite à l'Institut égyptien dans la séance du 20 janvier 1893.

LE CAIRE

IMPRIMERIE NATIONALE

1893

Annexe à la séance extraordinaire du 20 Janvier 1893.

# SOUDAN NILOTIQUE

## PREMIÈRE PARTIE

### BASSIN HYDROGRAPHIQUE DU NIL

#### Grands Lacs.

La longueur du Nil, de Damiette au lac Nyanza, est de 6270 kilomètres et en ligne droite de 3500 kilomètres, soit 31 degrés environ. La pente générale des plateaux à la Méditerranée est sensiblement la même que celle de la vallée. Le Nyanza

En amont du lac, son principal affluent est le Kagera ou Tangouri, puissante rivière s'étalant sur plusieurs kilomètres pendant la saison des pluies. A son entrée dans le lac, elle a 130 mètres de largeur et 25 à 40 mètres de profondeur et une vitesse de 6 kilomètres à l'heure; elle vient des massifs du M[t] Fonbiro.

Le lac Nyanza reçoit aussi une autre grande rivière, le Katouga, qui prend sa source près du lac Mououtan N'ziguch; elle est presque égale comme débit à la première.

Le lac a une profondeur comme maximum de 177 mètres et il est à 1200 mètres au-dessus du niveau de la mer. Il a été découvert par Speke. On y trouve des hippopotames et des crocodiles énormes. Son pourtour a 1200 kilomètres; sa surface peut être évaluée à 50000 kilomètres carrés ou 50 milliards de mètres carrés. Le débit total du Nil étant, pendant une année, en moyenne de 120 milliards de mètres cubes, on voit qu'il suffirait de construire à la sortie du lac un barrage de $2^m,40$ de hauteur pour contenir ce débit tout entier dans le lac.

Cette observation permet de se rendre compte du rôle important que pourrait jouer cet immense réservoir sur la vallée tout entière du Nil. Si on fermait son exutoire par un barrage on pourrait réduire les grandes crues du Nil à une hauteur moindre et distribuer dans chaque saison l'eau d'une manière bienfaisante.

On peut aussi se rendre compte du danger que peut présenter pour cette vallée une entreprise ayant pour objet d'utiliser cette eau d'une manière contraire à l'intérêt des populations riveraines de la partie inférieure du fleuve, l'Égypte, par exemple.

Un nombre considérable de bateaux naviguent sur ce lac. Ce sont des sortes de gondoles montées par 10 à 40 rameurs.

Nil Kivira et Nil Somerset

L'eau du lac s'écoule par un golfe situé au nord de l'île Ou Vouma. Après un parcours fluvial très court, le Nil tombe d'une cascade de 4 mètres de hauteur. Cette partie du Nil s'appelle Kiouira ou Kivira. Il est large de 500 mètres. Il descend de chutes en chutes (Ripon, Tsambu, etc.) et reçoit divers affluents.

A 100 kilomètres environ, il débouche dans un petit lac, le N'gita N'zigueh, puis dans un marécage, le Kioga. Il reçoit ensuite une rivière navigable, le Kafour au coude du M[t] Rouli, puis après un petit parcours nord-sud, il se dirige de l'est à l'ouest et se jette dans le lac Mououtan N'ziguch. Cette dernière partie du fleuve s'appelle le Nil Somerset. Il a une largeur moyenne de 400 mètres; sa pente est de $0^m,0045$ par mètre. L'eau coule de rapides en rapides. Le dernier est imposant; le courant, réduit à 50 mètres de largeur, tombe de 35 mètres de hauteur (chute de Murchison).

Lac N'ziguch.

Le lac Mououtan N'ziguch a une superficie de 4600 kilomètres carrés. Il est à la cote $700^m$. C'est une fissure du sol remplie d'eau. Il est dominé à l'est et l'ouest par de hautes montagnes. Au sud et au nord, on trouve des plages douces.

Les rivières qui viennent des hauts plateaux se déversent dans le lac par des chutes de 300 mètres de hauteur.

Nous pouvons remarquer en passant qu'un barrage de 20 mètres de hauteur à la sortie du N'ziguch pourrait renfermer plus des deux tiers d'une crue annuelle du Nil, soit 92 milliards de mètres cubes.

Après la sortie du lac, le Nil Bahr El Djebel suit un cours tranquille avec une largeur de 500 à 2000 mètres entre deux rives couvertes de prés et avec un chenal de 12 à 15 mètres de profondeur. Il devient navigable pour les gros bateaux jusqu'à un point situé à 200 kilomètres environ en aval du lac, où des îlots d'herbes s'enracinent dans le sol et arrivent à entraver la navigation et à modifier le courant du Nil, qui se transporte plusieurs fois à droite et à gauche dans la plaine. Nil Bahr El Djebel.

A Donflé, le Nil est à la cote 600 mètres environ. Il parcourt une grande courbe où il reçoit plusieurs affluents importants, parmi lesquels on peut citer l'Asouah. Au confluent des deux rivières, les rochers obstruent le lit. En amont de ce confluent, on trouve la 8e cataracte, rapide de Fola, qui est infranchissable ; on est obligé de transborder. Les caravanes vont, en ligne droite, rejoindre le Nil Somerset à Faoueïra en amont du rapide de Karouma. Donflé. 8e Cataracte.

En aval du confluent de l'Asouah, le lit du Nil est hérissé de rochers et la navigation est difficile à Zebora, Mokado, à Teremo Gardo et Djenkoli Gardo (7e cataracte), mais on peut les franchir une partie de l'année pendant les grandes eaux. Les bateaux à vapeur de Khartoum circulent facilement neuf mois jusque à Redjaf, mais quand les eaux sont basses on ne peut dépasser Gondokoro ou Ismaïliya. 7e Cataracte.

Lombardini a calculé qu'à Gondoro, le fleuve, en ce point réglé par les grands réservoirs du Nyanza et du N'zigueh, a un débit de 300 mètres cubes par seconde pendant la saison sèche et de 900 mètres cubes par seconde dans les grandes eaux. Lado et Gondokoro.

Au nord de Gondokoro, le Nil coule dans une plaine de faible pente. Il s'appelle Bahr El Djebel depuis le lac N'zigueh. Il forme divers bras entremêlés de marais. On peut citer notamment le bras appelé Bahr El Zaraf (Girafes) qui vient rejoindre le Nil après 300 kilomètres de parcours et en aval du confluent du Bahr El Gazal. Entre les deux bras se trouve un vrai marais difficile à suivre. Bahr el Zaraf.

Cet immense espace constitue dans le fleuve une sorte de lac plus ou moins comblé par les apports et surtout par les herbes. Marais immenses.

A partir de la jonction du Bahr El Djebel avec le Bahr El Gazal (région des rivières), les eaux se dirigent sur 150 kilomètres de l'ouest à l'est, puis vers le nord. Le Nil prend le nom de Bahr El Abiad (Nil Blanc) et longe les hautes plaines du Kordofan.

Lit d'herbes. Au joug des rivières, les débris végétaux forment des îles qui bloquent le fleuve et où croissent de nombreux papyrus. Les herbes et les racines s'enchevêtrent, le sol se consolide et quelquefois sur 20 kilomètres de longueur il existe un terrain ferme sous lequel coule le fleuve sans bruit. Les tribus nomades y construisent leurs campements et se nourrissent de poissons qu'ils pêchent sous le sol. Sur la berge on voit de nombreuses buttes de terre argileuse fabriquées par les termites, plus hautes que les inondations et où les animaux se réfugient d'étage en étage pendant les crues.

Les émissaires de Néron durent s'arrêter devant cette mer d'herbes. On peut souvent la franchir; d'autres fois ce n'est pas possible. De 1870 à 1877, le fleuve fut fermé et on passait par le Bahr El Zaraf. C'est là que périt en partie l'expédition de Gessi. On attribue à ce courant le transport des éléments végétaux qui produisent les eaux vertes du Caire, qui sont remplacées par les eaux rouges qui viennent du Nil Bleu.

Rivière des Gazelles. La rivière des Gazelles est elle-même très importante; elle forme le seul égouttement d'un pays immense, de forme triangulaire (350000 kilomètres carrés) et d'une partie importante du Darfour.

Elle coule perpendiculairement au Nil de l'ouest à l'est avec des noms variables sur 600 kilomètres. Elle apporte le flot de crue qui balaie les îles et les obstacles ; elle reçoit d'innombrables rivières abondantes ; le Yei, le Rol, le Roa, le Djour, le Pango, le Bahr El Arab ; leur pente est très faible et pendant les crues elles débordent sur plusieurs milliers de kilomètres carrés.

Il faut remarquer que dans ces régions des lacs, où les eaux des pluies sont très abondantes, une partie importante s'évapore avant d'arriver au Nil. En outre, au nord du N'zigueh, les groupes d'affluents alternent d'une rive à l'autre. Ils viennent d'abord du côté est, puis au sud de la rivière des Gazelles; les tributaires viennent de l'ouest; plus au nord, ils viennent de l'est (Ethiopie), puis au delà, sur 2500 kilomètres, le Nil ne reçoit plus aucun affluent, ni à droite, ni à gauche. Des ravins écoulent les averses et dessèchent aussitôt après.

Vallée du Sobat. A peu de distance du point où le Bahr El Zaraf se réunit à la rivière principale, se trouve le confluent du Sobat qui vient des plateaux éthiopiens. Quand il est en pleine crue, il arrête le courant principal du Nil par la masse de ses eaux qui sont très blanches, d'où le nouveau nom de Nil El Abiad. On a constaté que, sur un point situé à 120 kilomètres de son confluent, le Sobat écoule en juin jusques à 1200 mètres cubes à la seconde. Nil El Abiad ou Nil Blanc.

En amont de Khartoum, le Nil Blanc reçoit le Nil Bleu (Bahr El Azrak). Ses eaux venant des montagnes rocheuses sont généralement plus rapides que celles du Nil Blanc.

Le Nil Bleu, qui sort du lac Tsana, en Éthiopie (1860 mètres de hauteur et 3000 kilomètres carrés), est un torrent impétueux et de grand débit, mais les barques ne peuvent y naviguer longtemps. Il porte de nombreux limons qui font la fertilité de l'Égypte; mais c'est le Nil Blanc qui maintient le courant d'étiage. Nil Bleu.

D'après Linant de Bellefonds, on peut admettre les chiffres comparatifs suivants :

| | Nil Blanc. | Nil Bleu. |
|---|---|---|
| Crue. | 5007 | 6104 |
| Maigre. | 297 | 158 |

Près du lac Tsana, à l'altitude de 1860 mètres, le Nil Bleu fait une première chute de 25 mètres appelée Tisessat (la fumée), ou d'Alata. Soudain il est rétréci jusqu'à un point où sa longueur est réduite à 2 ou 3 mètres, et où l'on trouve un pont portugais. A 50 kilomètres plus loin, on rencontre un autre pont en ruine au milieu des rochers. Sur cette longueur la chute totale est de 600 mètres. Il tourne ensuite autour du massif montagneux de l'Ethiopie jusqu'à ce qu'il arrive dans la plaine suivant la direction du nord-ouest. Sa chute dans ce parcours est de 1200 mètres.

La déclivité de ce point jusqu'à Khartoum est presque insignifiante.

Pendant la période des maigres, on peut le traverser souvent à pied ou avec de l'eau jusqu'à la ceinture.

Les affluents, le Yabous et le Toumat, n'écoulent que des eaux d'averse et restent ensuite secs. Une faible quantité d'eau y coule dans les sables. Le Rahad est à sec de même avant la saison des pluies; mais de juin à septembre, il a un grand débit. Le Dender conserve, dit-on, un peu d'eau toute l'année. Affluents du Nil Bleu

Dans tous ces affluents, d'après Samuel Baker, on pourrait faire des bassins de retenue.

Khartoum, au confluent des deux Nils, est situé à la cote 378 suivant les uns et 438 suivant les autres.

Rivières de l'Abyssinie septentrionale

Le nord de l'Abyssinie se déverse par le Takkaseh qui part d'une cote de 2000 mètres passe près du lac Tsana, mais très-bas à la cote 1300 mètres seulement. Il coule d'abord de l'est à l'ouest à la sortie des gorges éthiopiennes puis tombe dans l'Atbara.

Atbara.

Celui-ci, pendant la sécheresse, voit sa masse liquide diminuer de plus en plus à mesure qu'il coule vers le nord, de même que le Mareb qui a cessé d'être son tributaire. Dans son cours inférieur, celui-ci s'appelle Gash et se jette dans l'Atbara, près du confluent de l'Atbara et du Nil. Il n'a plus qu'un flot périodique, puis il se perd et disparait dans les terres alluviales. Le lit du confluent reste quelquefois vingt ans sans être rempli, à cause des travaux d'irrigation de la rive gauche où il est endigué. Son cours est aujourd'hui presque parallèle à l'Atbara et s'appuie peu à peu vers le nord.

En 1849, un conquérant égyptien, Ahmed pacha, essaya de rejeter le Gash dans l'Atbara, mais la digue fut détruite par les riverains d'aval, qui se croyaient ruinés, et après plusieurs batailles.

Pendant longtemps, la rivière Tsaraka, qui coule entre les plateau de Keren, et la mer Rouge à Souakim, a été considéré comme appartenant au régime nilotique par une branche du Mareb.

D'après Strabon, une branche de l'Astobora (Atbara) aurait coulé vers la mer Erytrée (mer Rouge).

Les Éthiopiens, pendant des siècles, prirent le Takkaseh pour le Nil et crurent qu'ils viendraient à bout de l'Égypte en déviant ce cours d'eau vers la mer Rouge.

Pendant la saison de sécheresse, l'Atbara ne réussit pas à amener de l'eau au Nil. Il ne reste dans son lit que des mares où l'on trouve des tortues, des crocodiles et des hippopotames.

La crue descend avec une rapidité foudroyante et avec le bruit du tonnerre. Ses eaux sont très limoneuses,

En aval de Khartoum, le Nil ne reçoit plus aucun affluent visible jusqu'au delta, au Caire (2700 kilomètres).

## Cataractes.

6e Cataracte.

La 6e cataracte est à Soni. C'est plutôt un rapide formé par l'étranglement du Nil; il gêne pendant presque toute l'année la navigation.

5e Cataracte.

La 5e cataracte, à laquelle font suite les rapides de Garacheh, de Mograt et autres, entre Berber et Abou Hamed, n'est un obstacle que pendant la saison des maigres. Pour éviter un long détour et trois cataractes, les voyageurs suivent le désert d'Abou-Hamed à Korosko.

4e Cataracte.

La 4e cataracte est formée de plusieurs gradins et se termine à Guerendib.

3e Cataracte.

La 3e cataracte a aussi plusieurs chutes : Hannek, 6470 mètres de longueur et 5m,50 de hauteur à l'étiage et 3m,20 en temps de crue (en général c'est la pente des cataractes), Kaïbar, que l'on pourrait prendre pour un mur véritable disparaît pendant les crues.

2e Cataracte.

La 2e cataracte, celle de Wadi-Halfa, a 25 kilomètres de longueur; elle est le pied d'une série de rapides, Bathn El Hagar (ventre de pierre), qui se prolongent sur 130 kilomètres. L'archipel a 353 ilots; 50 sont habités et cultivés.

1re Cataracte.

La 1re cataracte, d'Assouan, est formée d'une série de rapides peu importants. Près d'Assouan, les astronomes virent pour la première fois, un jour du solstice d'été, les gnomons dépourvus d'ombre et le soleil au fond des puits.

On croit que les cataractes étaient autrefois plus élevées et que le courant les a rongées.

Le Nil, comme la plupart des autres fleuves de l'hémisphère septentrional, se jette sur sa rive droite et la surface en culture est sur la rive gauche.

Fayoum.

Le Fayoum est un ancien lac formé par le Bahr Youssef. Dès que les ingénieurs égyptiens eurent barré ce Bahr, le lac s'est desséché et on a obtenu le Fayoum actuel.

---

# DEUXIÈME PARTIE

## DESCRIPTION DES PAYS QUI FORMENT LE BASSIN DU NIL

### Bassin des grands lacs.

Le bassin du lac Nyanza et du haut Nil comprend le lac Nyanza, les Nils Kivira et Somerset ; il forme 430000 kilomètres carrés environ. Le lac Nyanza est à la cote 1200 mètres. Il est à 700 kilomètres de la mer des Indes et les relations commerciales n'existent que de ce côté. La ligne équatoriale passe près du bord septentrional du lac Nyanza. En dehors des cimes du M[t] Fombiro (3000 mètres) et du Gambaragara plus élevé encore, nulle part le plateau ne présente de grands massifs élevés. Ce sont des collines de 100 mètres environ.

Les côtés ouest et nord du Nyanza sont bordés de pays remarquables par l'abondance des eaux et la fertilité du sol.

Au sud et à l'est, au contraire, on ne rencontre que des marais, des plateaux salins et des montagnes.

Le climat est tempéré ; le maximum est de 34° à 35°, le minimum de 10° à 11°, la moyenne est de 21°.

Aucun mois n'est dépourvu de pluie dans cette région qui correspond au *pot au noir* de l'Atlantique. La hauteur de l'eau tombée dans un an est dans l'Ouganda de 1$^{m}$,25. L'année est divisée en deux parties correspondantes aux six mois de pluies et de sécheresse relative. On n'y voit aucune interruption dans la production du sol qui est très fertile partout. La population est très dense ; 10 à 12 millions dans la partie du versant méditerranéen située autour de lacs Nyanza et N'zigueh.

Au sud, derrière le golfe de Spoke, sont établis les Ou Nyamezy : **Ou Nyamezy** rivière principale, le Simeyou. La population, désignée dans son ensemble sous le nom Soukouma, se divise en un grand nombre de petites peuplades; les tribus forment une sorte de confédération. Le port le plus fréquenté sur le lac est Kagheyé, en face de l'île de Kerewé, couverte de forêts. C'est par là qu'arrivent les marchands arabes.

A l'ouest de la rivière Isanga se trouve le pays de Zindja, contrée peu explorée.

Karagoueh. Le royaume de Karagoueh, à l'ouest du lac, forme 15000 kilomètres carrés, et est limité au nord et à l'ouest par la rivière Tangoureh. C'est un pays magnifique, un parc véritable, dont on pourrait faire un vrai jardin. Les coteaux ont 1500 et même 1800 mètres de hauteur. La capitale se nomme Warahandjé, sur le lac Ouerou.

Les marchands arabes ont établi très près de cette ville un entrepôt à Kafouro ou Koufro pour l'échange des étoffes, du sel, de l'ivoire et du café.

Rouanda. L'état de Rouanda, placé derrière la rivière de Tangoureh s'étend jusqu'au lac Tanganika; il est difficile à visiter par suite de la férocité des habitants; il renferme des mines et des eaux thermales. Au sud du M[t] Fombiro, les pentes seraient couvertes de forêts d'essences précieuses (pays des nains).

Ouganda. Le royaume d'Ouganda est le plus connu et le plus vaste de cette région et le plus près du Nil; il s'étend en effet jusqu'à la bouche du Nil, dans le lac Nyanza. Il comprend 50000 kilomètres carrés et avec ses dépendances 175000 kilomètres (2775000 âmes). Les habitants sont en général des Wagandas, de vrais nègres, à peau noire, à cheveux crépus, etc. Ils ont des cases en forme de ruches. Ces nègres sont habillés de vêtements d'écorce. Ils commencent à acheter des vêtements arabes. Ils sont polygames. Pendant la guerre, ils internent des étrangers dont ils se regardent comme responsables. Un grand nombre sont musulmans.

Le commerce est entre les mains des Arabes de Zanzibar. Leur limite commerciale est le Nil Kivira et les cataractes de Murchison et Karouma.

C'est dans le pays d'Ouganda que les Arabes ont leur entrepôts. Ils importent des fusils, des munitions de guerre, des étoffes, des verroteries et des objets manufacturés. Ils exportent de l'ivoire et des esclaves. Le signe de la monnaie est les 8 coudées de calicot.

De nombreuses caravanes arrivent par le pays facile de Massaï.

Les Égyptiens n'ont jamais penétré dans l'Ouganda que comme ambassadeurs du Khédive. La capitale change constamment de place.

A l'est du Nyanza, l'Etat le plus puissant est celui de Kavirondo, peuplé par les Négritiens. La ville de Sendojé est l'entrepôt des marchands musulmans. On trouve aussi les Ou Nauda, d'une extrême férocité; ils sont vêtus de couteaux placés sur toutes les parties du corps. **Kavirondo.** **Ou Nauda.**

Au nord-ouest de l'Ouganda, le territoire entre le lac Nziguch et le Nil Kavira appartient aux Ou Nyoro mahométans, capitale Nya Moya. Entre les deux royaumes est une marche inhabitée entre les marais d'Ergougou et le coude du Nil à Mt Rouli, où les caravanes ne passent qu'avec une forte protection. C'est le passage des Ou Gauda et des Ou Nyoro vers le Soudan. La guerre existe dans ce pays à l'état continu. M'rouli est un point très important. C'était autrefois le dernier poste avancé des Égyptiens. Les caravanes de l'Ouganda y passent toujours. Déjà même avant la révolte du Soudan la frontière politique et militaire de l'Egypte dans la région des hautes cataractes était le cours du Nil Somerset. La place de défense était Foweira ou Faowera, que les Égyptiens avaient bâtie sur la rive orientale du Nil, à l'endroit où il se dirige sur le lac N'ziguch. Un autre fortin s'élève au nord du fleuve près des rapides de Karouma, au nord de Pongatoli. Une troisième place égytienne chez les Ou Nyoro était Magoungo, sur la rive droite du Nil, à l'angle du fleuve et du lac N'ziguch. Cet ouvrage est entouré d'un fossé de 3m,00 de profondeur; il est inexpugnable pour des sauvages. **Ou Nyoro.**

A l'est de Magoungo, les bateaux à vapeur remontent le Nil jusque dans l'écluse qui précède la chute de Murchison.

Sur la rive occidentale du N'ziguch, les Égyptiens ont construit un fort : Mahaghi.

La partie du domaine ancien de l'Egypte située au nord du lac paraît être occupée aujourd'hui par Emin pacha et ses troupes qui résident à Ouadelaï.

## Pays des Rivières.

Le pays entre le N'ziguch et le Bahr El Gazal (350000 kilomètres carrés 800m de hauteur), a une pente très-faible. A l'occident, on trouve le bassin du Congo sans faite appréciable entre les deux bassins. Les Niams-Niams occupent les deux pentes et gagnent toujours vers le nord. C'est par là que passera la route de l'avenir entre le golfe de Bénin et l'océan Indien. Au nord du pays se trouve une limite naturelle, mais sans faite appréciable. C'est le Bahr El Arab qui se jette dans la rivière des Gazelles.

Au sud de cette limite, les eaux des pluies sont très abondantes. Au nord, les Ouadis ne roulent que les eaux des fortes averses.

Au nord, les arbres vers le For sont les baobabs à énorme tronc renflé. De l'autre côté, au sud, vers le Fertit, des arbres à beurre couvrent plusieurs centaines de kilomètres. L'éléphant et les grands singes ne dépassent pas la rivière des Gazelles. D'un côté, des nègres avec des bêtes à cornes; de l'autre côté, des Arabes avec des chevaux.

Le sol du pays des rivières formé de granit décomposé d'alluvions et d'humus est très-fertile; quelquefois il est entièrement ferrugineux et stérile. Comme arbres, on trouve le grand cotonnier des forêts, des loulous ou arbres à beurre et à huile, diverses qualités de caoutchouc et des arbres à éléphant. Un grand nombre d'éléphants vivent dans les forêts. On en tuait 5000 à 6000 par an. Les chevaux, mulets, ânes, chameaux, bœufs ne peuvent y vivre au delà d'un an par suite du développement spontané des entozoaires.

Nulle part la traite des nègres n'a causé plus de ravages que dans ce pays.

La dépopulation a été très-grande par suite des abus commis par les marchands d'esclaves.

La révolte a éclaté en 1878. L'Italien Gessi parvint cependant à pacifier ce pays en montrant de grandes qualités militaires. La population est de 3 millions d'âmes; on peut exporter l'ivoire, le caoutchouc, des gommes, du tamarin, du beurre végétal, du coton, des peaux, des métaux, des fruits et des légumes.

Les marchands d'esclaves n'ont guère pénétré entre Donflé et Magoungo; aussi cette contrée est restée riche et peuplée. Les mœurs y sont encore très-douces. Le pays est fertile. Les crimes y sont très-rares.

Les Choulis habitent à la sortie du lac N'zigueh, sur le versant occidental du fleuve; ils ne possèdent qu'une zone étroite, limitée par des montagnes.

Les Égyptiens ont fondé en territoire choulis quelques stations militaires.

Le fortin de Wadalaï est placé sur la rive gauche du Nil. Fatiko (1,200 mètres), place militaire plus importante, est à une centaine de kilomètres à l'est du fleuve, sur un sol rouge très fertile.

Les bateaux à vapeur du haut Nil peuvent descendre jusqu'à Donfilé où ils sont arrêtés par le rapide de Fola.

Les Madi vivent au nord des Choulis, principalement sur la rive droite du fleuve. La principale station militaire égyptienne était Donfilé, sur la rive occidentale du fleuve. Il y en avait deux autres, Laboreh et Moudgi. **Madi.**

Les Bari succèdent aux Madi vers le nord, sur les deux rives. Ce peuple, très-féroce, servait de négriers aux marchands d'esclaves. **Bari.**

Samuel Barker avait fait de Gondokoro la capitale de son gouvernement, mais le fleuve ayant modifié son cours, Gordon l'établit à 20 kilomètres plus au nord, à Lado, sur la berge occidentale. On y trouve des mines de fer.

A l'est des Bari, les Latouka, de souche Galla, qui exportent du tabac de bonne qualité et possèdent d'immenses troupeaux de bestiaux. **Latouka.**

A l'ouest des Bari, se trouvent les Niam-Bari, grands chasseurs d'éléphants. Avant l'arrivée des traitants, les dents étaient tellement abondantes sur leur territoire qu'elles servaient à faire des enclos pour le bétail. **Niam Bari.**

Parmi les autres peuples qui habitent le bord du Nil (Bahr El Ghebel) on trouve les Dinkas (100000 km.q.) chez lesquels est établi le fort égyptien de B'or. A l'ouest, sur les rives du Yei, affluent du Nil, des cannibales de la race des Niams-Niams, les Makaka, puis les Morous, dont une tribu s'appelle Madi. Leur station principale est à Madi, sur la route des caravanes de Lado à Dem Soleiman et où s'entreposait le commerce de l'ivoire. A Madi, on faisait de nombreux **Dinkas et autres peuples à l'ouest du Nil.**

eunuques, notamment les chefs qui résistaient aux marchands d'esclaves.

Toujours à l'ouest, les Bongo, les Biour (sauvages), les Seré, les Kradj, les Golos.

ar Fertit. Le Dar Fertit, nom du pays extrême à l'ouest de Bahr El Gazal, était un vrai camp de négriers Dem y veut dire ville. Les Dems sont les anciennes stations des traitants; ainsi Dem Idris, chez les Golos, était un grand dépôt d'ivoire.

En 1883, on évaluait le dépôt d'ivoire à 125 tonnes et celui du caoutchouc à 15 tonnes. Les Dem Zeber et Dem Soleiman étaient les plus grandes villes dont Gessi détruisit la puissance. A Dem Soleiman, on était comme dans une ville européenne ; on y trouvait des joailliers, des sculpteurs. C'est la seule ville où il y ait eu une mosquée. Gessi avait pris pour lieu de garnison la ville de Hifft.

## Bassins du Sobat et du Yal.

Les bassins du Sobat, qui a quelquefois plus d'eau que le Nil, a une surface de 150000 kilomètres carrés. Il est inexploré. Ce cours d'eau est navigable sur 230 kilomètres pour les bateaux à vapeur, et pour 300 kilomètres les barques. Le bassin du Yal est encore plus inconnu; il est rarement à sec. Entre le Yal et le Nil Bleu, sur plus de 5° de latitude, le Nil ne reçoit aucun affluent qui coule pendant toute l'année.

Ces bassins possèdent l'ébène, l'acacia à gomme et l'acacia flûte. Les branches de cet arbre sont couvertes de noix de galle qui sont percées par des insectes. Le vent y produit un son harmonieux. Des nègres habitent ces bassins. Les Égyptiens avaient un poste militaire sur le Sobat.

## Ethiopie.

L'Ethiopie est un immense massif montagneux. Elle se divise en diverses contrées, l'Abyssinie et le Choa, qui ont 240000 kilomètres carrés et 3500000 habitants, avec le pays de Bogos Mensa et d'autres tribus. L'ensemble du pays qui formait autrefois le royaume d'Ethiopie avait 630000 kilomètres carrés et 8610000 habitants. Il comprenait Massaouah, Obock, Assab, Issa Harrar, les États de l'Ethiopie méridionale, etc., etc.

Les Ethiopiens ont conservé la religion chrétienne (ils sont eutychéens). On y trouve aussi quelquefois des musulmans. Ils possèdent les institutions politiques et certaines mœurs d'Europe. Leur couleur va du blanc foncé au noir.

De nombreuses guerres défavorables aux Égyptiens ont eu lieu à certaines époques en Abyssinie, et ceux-ci n'ont jamais pu s'emparer de ce pays.

L'Abouna, le chef de la religion, est un prêtre copte étranger envoyé par le patriarche d'Alexandrie, qui reçoit à cet effet de grands présents. Il est tenu en respect par un prêtre abyssin national qui ne peut conférer les ordres. Les prêtres peuvent se marier, mais non se remarier. On trouve aussi en Abyssinie 12000 moines sans compter les nonnes.

L'altitude moyenne du pays fertile où se trouve le lac Tsana est de 2000 mètres; c'est une zone tempérée.

Gondar est la capitale religieuse.

Le commerce d'Abyssinie se fait par caravanes sur Massaouah, qui occupe un banc de corail de 300 sur 1000 mètres; elles y apportent le café, l'or et la cire blanche. En 1881, la valeur des échanges était de 7 millions de francs.

## Haute-Nubie.

Les deux zones riveraines du Nil Blanc et du Nil Bleu, de chaque côté de la Mésopotamie, du Sennaar, sont très fertiles. La région intermédiaire est une vraie steppe avec de grandes herbes et des mimosas. Les populations sont nomades.

A l'est de la basse vallée du Nil Bleu, les plaines sont fertiles et boisées le long du fleuve, mais elles sont arides loin du cours d'eau.

Dans la région de Kedareb, entre l'Atbara et le Rohad, elles sont désolées; c'est une lande rase. Ça et là, quelques montagnes de 500 à 600 mètres de hauteur.

La ligne de faite entre le bassin du Nil et le versant de la mer Rouge se compose de massifs irréguliers de hauteur variable, mais au minimum de 1000 mètres; c'est comme un grand plateau raviné. L'absence d'eau dans la vaste plaine d'alluvion qui borde la mer Rouge entre les dernières montagnes d'Abyssinie, le mont Chaba et la mer prouve que les eaux du fleuve Barka ont beaucoup diminué.

Sennaar.

Le Sennaar a une saison de pluie (Kharif) de fin mai à septembre (4 mois). Les vents du nord reprennent ensuite jusqu'en mars.

Dans le pays de Fazogl, au nord du Yal, la végétation est très belle. Sur les bords du haut Yabous, on trouve aussi une zone de forêts qui entourent le versant du plateau Ethiopien et qui se prolongent sur le bord des rivières.

Les bouches des vallées et les petits coteaux peuvent être cultivés et produisent une grande quantité de coton, de tabac. Les steppes placées entre ces régions cultivées et les forêts, sont des pâturages. On y trouve aussi beaucoup d'arbres, baobabs, palmiers, doums, tamaris, mimosas à gomme, bien inférieure à celles du Kordofan.

Les troncs des baobabs, qui ont jusqu'à 26 mètres de tour, servent de citernes naturelles.

Pays au nord et à l'est du Sennaar.

Dans les contrées au nord du Soudan, on trouve aussi des déserts dont les sables sont poussés par le vent et usent la base des rochers. Sur la route de Berber à Souakin, un grand bloc de granit isolé, l'Abou Odfa, a été aussi limé à sa base et tombera plus tard dans le sable.

Les herbes de la savane ont de quatre à cinq mètres de hauteur. Cette savane et les forêts renferment beaucoup d'animaux féroces : girafes, éléphants, rhinocéros.

Dans le Taka, près de Keren, la tribu des Hamrams leur font une une chasse productive en toutes sortes d'animaux destinés aux ménageries.

Entre les montagnes de l'Abyssinie et les plaines du Nil, les différences de populations s'accentuent de plus en plus vers le nègre absolu.

Sous le régime égyptien, la Haute-Nubie était divisée en provinces: au sud, le Fazogl, capitale Famaka (palais de Méhémet-Ali) puis Khartoum et Berber, à l'est, le Taka, Massaouah et Souakin.

La chasse à l'esclave a rejeté les populations sur les montagnes.

La vallée de Toumat avait été abandonnée par les Égyptiens avant la révolte à cause des guerres continuelles et des dépenses, mais en exigeant un tribut de 150000 francs. Le sable de Toumat contient de la poudre d'or dont le lavage ne donnait presque rien au gouvernement égyptien, mais enrichissait les laveurs d'or. Les laveries principales sont vers le Djebel Doul ; la production actuelle est de 40000 francs par an seulement.

En 1840, Méhémet-Ali fit bâtir Khartoum, où passaient avant la révolte les échanges de l'Egypte et de l'Europe avec le haut Nil. A une demi-journée de marche de Chendy, s'élèvent les deux temples de Naga avec attributs pharaoniques et une allée de sphinx. — Pays de Khartoum.

C'est à Chendy que fut brûlé vif Ismaïl pacha fils de Méhémet-Aly; sa mort fut cruellement vengée par son beau frère, le célèbre Defterdar. A 20 kilomètres au nord de Chendy, on trouve un grand labyrinthe de constructions ruinées et appelées Mesaouras. Il a 870 mètres de tour. A 50 kilomètres en aval de Chendy et à quelques kilomètres de la rive droite du Nil, se trouve une grande ville.

C'est peut-être l'ancienne Méroué, capitale de l'Ethiopie à une certaine époque.

On y trouve des statues, des avenues de sphinx, des pylônes, etc. 80 pyramides sont placées sur les collines; ces pyramides ont 20 mètres de côté au plus. En face, sur la rive occidentale, était le cimetière public qui, sur un espace considérable, est encore couvert de petites pyramides.

Dans le bassin de l'Atbara, malgré la fertilité du sol et sa salubrité, on trouve peu de villes, mais des lieux de marchés importants. — Bassin de l'Atbara.

Metammeh, capitale du Galaba, est un lieu d'échange important des plaines de Bedja et des plateaux Ethiopiens.

Elle est placée au milieu de champs de tabac, de coton, de bersim, de 100 kilom. carrés. Les habitants sont des Takrous, qui importent d'Ethiopie des peaux, du café, du sel, de l'ivoire; on trouve chez eux le miel, la cire, la gomme, le tabac. Ils reçoivent en échange du Soudan des verroteries, des armes et des talaris Marie-Thérèse, seule monnaie de l'Ethiopie septentrionale.

Aujourd'hui le Galaba est un pays indépendant.

Sur la route des caravanes, de Metemmeh à Abou Ahras, vers le nord, on trouve Doka, puis Abousir ou Kedaref. Pendant la saison des pluies, ce marché est peu fréquenté, mais après le Kharif

15000 individus s'y rendent et y apportent gommes, cire, céréales. Tomat et Gos Redjeb sur l'Atbara sont aussi des marchés importants, le dernier sur le chemin des caravanes de Chendy à Massaouah.

**Pays de Kassala.** La ville la plus importante de ces régions est Kassala, capitale du Taka (570 mètres de hauteur) sur la rive droite du Gash ou Mareb. Ce fut à Kassala que fut faite la digue de détournement sur le Gash; elle fut détruite par les riverains inférieurs du Gash, les Hadendoa, après de sanglants combats.

De Massaouah à Kassala, 16 journées de marche suivant le chemin de l'ancien télégraphe, aujourd'hui détruit, et qui est muni de puits. Kassala a une grande importance stratégique et commerciale; aussi les Anglais ont-ils exclu cette ville de l'influence italienne.

A 30 kilomètres à l'est se trouve le bourg de Sabderat, qui fut saccagé par le Defterdar, gendre de Méhémet-Aly. Il y éleva des pyramides de cadavres pour empester l'air et rendre le pays inhabitable.

Au sud de Kassala, aucune ville jusqu'au confluent du Gash et de l'Atbara, où se trouve El Damer.

**Berber et Souakim.** Berber est l'entrepôt entre le Soudan et le Nil inférieur, et Souakim, placé sur la mer Rouge, à 420 kilomètres de distance. Les caravanes mettent 15 jours à traverser le désert (puits d'eau saumâtre).

Sur cette route de Souakim, le seuil de Haraki forme le partage des eaux ; il a 900 mètres de hauteur entre des montagnes deux fois plus élevées. Avant la guerre, 20000 chameaux étaient employés au transport.

Souakim est un très beau port formé par une coupure dans les amas de coraux.

Un chenal tortueux de 4 kilomètres conduit à un bassin qui a 2 kilomètres du nord au sud. Ce port est très-sûr et très-profond.

Avant la guerre, il y avait, attachés à ce port, 12 bateaux à vapeur et 300 barques arabes apportant du riz, des dattes, du sel et des marchandises européennes, et exportant des esclaves, gommes, plumes, ivoires, céréales et café. 7000 hadjis s'y embarquaient pour Djedda, situé à 350 kilomètres.

Les Hadendoa habitent un faubourg de la ville et s'y occupent de son approvisionnement et de l'arrimage des marchandises. En été, ils retournent sur les pacages avec leurs troupeaux.

Aux environs de Souakim, Baraka, petit fort placé dans une plaine fertile arrosée par le Tokar. Pendant les semailles et les récoltes, 20000 travailleurs sont répandus dans cette plaine.

## Kordofan.

Le Kordofan est limité à l'est par le Nil, entre le Sobat et Khartoum, au sud par le Nil, à l'ouest et au nord par des steppes. Il renferme 250000 kilomètres carrés, et une population peu nombreuse de 300000 âmes.

Par la pente générale du sol placé de 400 à 500 kilomètres de hauteur les eaux vont vers le Nil et si les pluies étaient assez abondantes, les eaux des ravins descendraient au Nil Blanc. Même les eaux qui tombent sur le versant occidental trouvent moyen d'arriver au Nil par le Gazal et le Keilak, d'un côté; et de l'autre, par l'Ouady Malek. Le niveau du sol varie peu; c'est une immense steppe doucement ondulée, il serait facile d'y employer des chars au lieu de chameaux (capitale El Obeïd).

A 200 kilomètres à l'occident du Nil, on trouve des massifs montagneux; au centre, le Djebel Deyer couvre 500 kilomètres carrés. Vers le nord le terrain forme de grandes vagues monotones n'ayant d'autre végétation que de petits acacias; au sud, des plaines assez fertiles et bien boisées.

**Kordofan Méridional.**

Cette partie méridionale du Kordofan reçoit beaucoup plus d'eau que celle du nord. Dans une rivière, Abou-Hableh, l'eau coule sur 300 kilomètres, et, on dit même que quelquefois elle arrive jusqu'au Nil par cette rivière qui, généralement, se perd dans les sables. En général, dans le Kordofan, les eaux n'existent pas à la surface du sol pendant la saison sèche, mais on les trouve en creusant le sable.

**Kordofan Septentrional.**

Dans le Kordofan septentrional, il n'y a pas de rivières, mais seulement de petits puits de 25 à 50 mètres; mais souvent ils tarissent et les populations quittent le pays provisoirement pendant la sécheresse. La hauteur moyenne des pluies annuelles est de 0,35.

Dès que le millet *Dokhn*, le seul qui réussisse dans le pays, a été récolté, les populations partent vers les puits et ne reviennent que pour le Kharif. En 1873, le vase de 6 à 8 litres d'eau se payait un talari (5 francs); c'est un des pays les plus chauds de la terre. En mars, le thermomètre s'élève à 40°. Dès les premiers jours de juin, le Kharif (pluies) arrive avec de grandes averses violentes et courtes. Le vent du sud-ouest s'établit régulièrement et la température est de 25° à 33°, avec des écarts de 7°. Les fièvres endémiques et mortelles y sont très communes.

Dès la fin de septembre, les vents sont au nord-est et la température descend souvent à 15°.

La gomme du Kordofan est très estimée. Les acacias sont de diverses espèces. La partie orientale du pays fournit les meilleures gommes; dans la partie méridionale, on trouve de grandes forêts de gomme moins estimée.

Les autruches y étaient très abondantes, mais on en a dépeuplé le pays; elles ne se trouvent plus en grande partie que vers l'ouest et dans le Darfour.

Avant la guerre, les gommiers produisaient 1375000 francs, et les plumes 2150000 francs.

Les habitants sont en grande partie des descendants d'Arabes. La capitale, El Obeïd, est située dans la partie du pays où il pleut le plus; elle est placée à 579 mètres de hauteur; elle avait 30000 âmes.

**Obeïd capitale du Kordofan.**

Les relations commerciales étaient vers le Nil à Dongola. Le trafic d'Obeïd était très important, surtout pour la vente des esclaves très communs dans le Kordofan; les plumes d'autruche et les cotonnades du Darfour passaient par El Obeïd. L'exportation des gommes était évaluée en 1880 à 100000 quintaux et à 2000000 de francs.

Aujourd'hui El Obeïd est presque désert. Le Mahdi a ordonné que les habitants demeurent sous la tente ou sous les branches, pour constater l'égalité entre les musulmans, et ce sous peine de mort.

Au sud-ouest d'El Obeïd se trouvent les villes d'Abou-Hassan et de Melbeïs. En 1883, l'armée du général anglais Hicks, commandant avec des officiers anglais 11000 égyptiens, y fut détruite entièrement.

La grande route des caravanes était toujours longée par les fils télégraphiques, près desquels les indigènes n'osaient pas parler de peur d'être entendus du Caire.

Au nord on trouve Bara, marché autrefois très prospère; entre Dabbeh et Bara est placée l'oasis de Kadmar, puis l'oasis d'El Saffi, centre de la nation des Kababieh, qui possèdent 15000 chameaux.

L'eau vient peut-être du Nil dans l'oasis El Safi, par infiltration.

## Dar Four (PAYS DE FOR).

Une partie de cette contrée n'appartient pas au bassin du Nil; les eaux du versant du Nil se perdent en général dans les terres.

Pendant le Kharif, les ruisseaux de la partie méridionale s'écoulent dans le Bahr El Arab.

L'Oued Malek (vallée royale) roule aussi de l'eau dans les années pluvieuses, pendant 10 à 15 jours, mais le courant n'atteint pas le Nil, dont le lit est barré par des sables mouvants. Le lit est immense, les berges en grès ou en calcaire sont distantes de 5 à 50 kilomètres; les arbres forment dans le fond un ruban de verdure.

Le For reproduit le Kordofan, des savanes herbeuses et des déserts, 500000 kilomètres carrés, avec un million et demi d'habitants.

La capitale, El Facher, est à 600 kilomètres du Nil.

La grande montagne granitique d'El Marah forme le centre du pays. Au nord d'El Facher, on trouve diverses montagnes, Djebel Abou Ahras (montagne du père des accacias).

Le Djebel El Dor sur la route des caravanes d'Assiout; au sud, le Djebel El Hadid, riche en mines de fer; au sud-ouest, le Djebel Dango, avec les célèbres mines de cuivre de Hofra, sur le Bahr El Fertit, affluent du Bahr El Arab; elles sont aujourd'hui sans valeur. Le Khédive avait occupé le Kordofan à cause de leur richesse présumée.

La pluie et les eaux sont réglées par le même régime des courants atmosphériques que dans le Kordofan. Les pluies sont plus abondantes dans les régions occidentales du Dar Four.

En général, les eaux se perdent dans les terrains sans arriver à former de véritables rivières.

Versant de la rivière de Bahr El Gazal.

Sur les versants du Gazal, les eaux ont pu faire des ouadi ou des torrents coulant seulement lors du Kharif. Pendant la sécheresse, on y trouve de l'eau dans le sable ou dans les flaques, où se réfugie le poisson. Dans quelques endroits, pendant cette saison, l'eau manque complètement.

La flore et les animaux du Dar Four sont ceux du Kordofan. Les arbres, acacias, tamariniers, gommiers, boababs, le long des ouadis et ailleurs des steppes.

La ligne nord de la région forestière passe au sud du Dar Four; elle empiète un peu, grâce aux pluies, sur le bassin du Bahr El Arab, où l'on trouve les magnifiques forêts d'El Hallah. On y rencontre tous les grands animaux sauvages: éléphants, rhinocéros, buffles, antilopes, girafes, etc.

Dans la partie méridionale du For pullulent les fourmis blanches, qui détruisent les forêts et que les habitants mangent en les mêlant avec du tamarin.

Les Foriens sont des nègres du plus beau noir; un grand nombre de nomades se disent Arabes. Ils sont musulmans.

Autrefois les caravanes circulaient d'El Facher à El Obéïd et au Nil ou vers Dongola.

**Grande Caravane.** Avant la révolte, les échanges se faisaient par la grande caravane, à laquelle se joignaient celles arrivées du Niger et du lac Tchad; elles partaient tous les ans ou tous les deux ou trois ans. Elle occupait des milliers d'hommes et 15000 chameaux. Elle se dirigeait vers Assiout (où elle restait six mois) d'aiguades en aiguades, et par petits groupes pour permettre aux puits de se remplir. Elle mettait 45 jours et quelquefois deux ou trois mois. Les objets portés étaient, à l'aller : l'ivoire, les plumes, le tamarin, la gomme, les cornes et les chameaux à vendre, et au retour : des objets de peu de poids, armes, étoffes, verroteries, etc.

La capitale du For est El Facher à 727$^{m}$ d'altitude, 2500 habitants.

Dans la partie méridionale, on trouve Dara, sur la route des caravanes venant de Dem Soleiman et d'El Obéïd.

On peut citer aussi Touecha, entrepôt et fabrique d'eunuques qui s'appellent en arabe Touachiahs.

## Nubie.

Elle comprend le pays limité au sud par le confluent de l'Atbara et la ligne de Berber à Souakim, à l'ouest par le 27° de latitude, (250000 km. q. et 4 millions d'habitants); la partie cultivée serait seulement de 3800 kilomètres carrés; les populations sont au bord du Nil. Autrefois les montagnes renfermaient des mines d'or aujourd'hui épuisées.

Le point qui a été choisi jusqu'ici comme tête de ligne du chemin de fer de Khartoum et du Darfour est Abou Gerri. On suit d'abord l'Oued Malek, aux puits de Sotahl, et on bifurque d'un côté sur Khartoum et de l'autre sur le Dar Four.

Dongola est le point important du coude du Nil; il était autrefois établi sur un rocher qui dominait de 30 mètres la rive droite du Nil. A Dongola, un royaume chrétien s'est maintenu jusqu'au milieu du XIVe siècle. Dongola.

Les Mamelouks fuyant Méhémet-Aly ont dévasté le pays.

Les îles du Nil entre les deux Dongola sont très bien cultivées et très belles; l'une d'elles, Naft, est la patrie du Mahdi Mohamed-Ahmed.

A Dongola-le-Vieux, il y a une citadelle (6000 à 7000 âmes). C'est le point de passage de la sécheresse aux pluies périodiques.

Au dessous de Dongola, le Nil se bifurque pour embrasser la grande île d'Argo, la plus belle du Nil, qui formait autrefois un royaume spécial. A l'ouest de Dongola, un oued appelé Kab, avec plusieurs oasis, commence à Dongola-le-Nouveau et vient déboucher à Hannek, à la troisième cataracte. C'est là que commence le « Ventre de pierre », et le pays occupé en ce moment par l'Égypte.

# TROISIÈME PARTIE

## INTÉRÊTS AGRICOLES ET COMMERCIAUX DE L'EGYPTE DANS LES CONTRÉES QUI FORMENT LE BASSIN DU NIL.

### Soudan Nilotique.

La description du bassin du lac Nyanza, ainsi que de la partie du Nil comprise entre les lacs Nyanza et Mououtan N'zigueh, prouve que l'Egypte n'a aucun intérêt, ni politique, ni commercial direct dans cette partie de l'Afrique, si on suppose qu'on ne fera aucune tentative sérieuse contre elle au lac Nyanza. **Lac Nyanza.**

D'un côté, à aucune époque, les Égyptiens n'ont pénétré en conquérants dans ces divers pays et en dehors du lac N'zigueh. Leurs relations diplomatiques avec M'Teza dans l'Ouganda et la présence de leurs bateaux à vapeur dans le lac Nyanza ne peuvent être considérées comme un droit sérieux à la possession de ce bassin supérieur du Nil. **Lac N'zigueh.**

D'un autre côté, la distance entre le lac Nyanza et la mer des Indes est seulement de 700 à 800 kilomètres. Deux grandes puissances se sont partagées l'influence dans le pays compris entre la mer des Indes et le lac Nyanza. Elles y construiront certainement bientôt des routes et des chemins de fer ; elles installeront des bateaux à vapeur sur le grand lac et elles profiteront des relations commerciales établies jusqu'à présent de ce côté, et tout le bassin du lac Nyanza sera leur propriété incontestable dans un avenir très rapproché.

Avant la révolte du Soudan, les Égyptiens avaient au contraire considéré comme leur domaine le lac N'zigueh et le bassin du Nil au-dessous de ce lac. Des caravanes partaient de Donflé et se dirigeaient sur le coude du Nil à Faouira. Des bateaux à vapeur égyptiens sillonnaient le lac N'zigueh et remontaient dans le Nil Sommerset et dans la partie navigable jusqu'aux chutes de Murchison. **Limite des possessions égyptiennes au sud.**

L'Égypte possédait d'ailleurs, depuis le lac N'zigueh, le long du Nil, une série de forts et de garnisons. On ne peut donc lui contester le droit de reprendre ces divers points et de replacer ses garnisons le jour où elle le pourra militairement parlant.

Occupation du fleuve et des plaines qui le bordent.

Par contre, on ne pourrait comprendre en vue de quels intérêts elle devrait occuper d'autres territoires que les plaines bordant le Nil, en présence des tristes expériences du passé ;

Ainsi les guerres malheureuses avec l'Éthiopie et les batailles sanglantes du Kordofan, où une armée de 11000 hommes, commandés par le général Hicks et des officiers anglais, fut entièrement détruite. Cette occupation du Kordofan aurait été principalement entreprise en vue des mines de cuivre aujourd'hui sans valeur ; puis les guerres et les dépenses considérables dans le Sennaar motivées par le désir d'occuper les laveries d'or de la rivière de Toumat dans la rivière de Fazogl.

L'occupation des bords du Nil et la circulation sur le fleuve de quelques chaloupes canonnières assureraient à l'Égypte le privilège du transport des marchandises dont le commerce pourrait tirer profit : dents d'éléphants, plumes, gomme, cire, etc. Elle permettrait en outre de créer sur les deux rives du fleuve de grandes surfaces arrosées où l'on cultiverait tous les produits de l'Égypte, le coton, le sucre, les céréales etc., qui formeraient bien certainement la partie la plus productive et la plus importante du commerce avec le Soudan.

Marchandises propres du Soudan.

Il conviendrait, avant d'aller plus loin, d'étudier cette question des marchandises que produit le Soudan et de lui assigner son importance réelle.

Prenons l'ivoire.

Ivoire.

Pendant l'occupation égyptienne, on supposait que l'on tuait chaque année dans tout le Soudan 8000 éléphants, dont 5000 à 6000 dans le pays des rivières. On peut admettre que chaque éléphant produisait environ 34 kilogrammes d'ivoire et qu'en moyenne on le vendait 23 L. E. les 45 kilogrammes. 8000 éléphants produisaient donc 272 tonnes et 3600000 francs.

Si on recommençait en grand l'opération, obtiendrait-on les mêmes quantités aujourd'hui? C'est fort douteux. A cette époque, en effet, le grand produit du Soudan était la traite des esclaves, qui avait développé, à la suite des massacres effroyables de noirs, une activité extraordinaire dans ces contrées, dont la chaleur pousse ordinairement à l'inactivité la plus complète, surtout chez les nègres.

Le carnage des éléphants conduisait d'ailleurs à la destruction de la race. Il est donc à présumer que les chiffres précédents ne seront plus atteints.

Prenons maintenant les plumes.

Avant la révolte on avait pourchassé sans relâche les autruches. Dans le Kordofan on les avait presque exterminées et refoulées dans le Dar Four ; leur nombre diminuait de plus en plus. Aujourd'hui l'autruche est élevée comme les poules, les dindes et autres volatiles domestiques. Dans bien des pays tropicaux, cette élève peut être développée près des villes comme le Caire, d'une manière indéfinie. La plume n'est donc plus une marchandise du Soudan, qui ne pourrait pas soutenir probablement la concurrence avec ses produits généralement détériorés ou recueillis souvent dans une mauvaise saison. **Plumes.**

Passons maintenant à la gomme :

C'est la marchandise la plus importante du Soudan, parce que la gomme de bonne qualité provient surtout d'arbres très grands et très vieux qui se trouvent partout dans le Soudan, mais principalement dans la partie méridionale du Kordofan. Malheureusement c'est une marchandise de peu de valeur (3 fr. le kilogramme) et sur laquelle, eu égard aux grands frais de transport, le bénéfice à réaliser doit être peu important par tonne. **Gommes.**

Il en est de même du séné, du tamarin, du musc, de la cire, etc. **Séné, tamarin, musc, cire, etc.**

En résumé, on peut admettre que le total des marchandises d'exportation et d'importation du Soudan pour tous les produits s'élevait avant la révolte :

| | | | |
|---|---|---|---|
| Exportation par le Caire.... | 9000 Ton. | et | 14000000 de Fr. |
| » par Souakim. | 9000 » | | 14000000 » |
| Totaux... | 18000 Ton. | et | 28000000 de Fr. |

Les importations avaient lieu principalement par le Caire (valeur ignorée, poids 7000 tonnes). **Poids et valeur des marchandises.**

Le poids total des marchandises d'exportation et d'importation s'élevait donc à 25000 tonnes environ.

Ces chiffres sont bien peu importants pour motiver de grandes dépenses de voie ferrée, etc ; mais si l'Egypte est maîtresse de la vallée supérieure du Nil, elle pourra certainement, d'après ses usages et au moyen d'une irrigation intelligente, pousser les propriétaires riverains à cultiver ou laisser cultiver les terrains adjacents qui pourront être arrosés d'eau d'été.

Culture Séfi. Il pourra donc arriver qu'il se forme des cultures analogues à celles du Nil égyptien sur une grande partie de la longueur du fleuve, et principalement entre le Sobat et Khartoum, sur le Nil Blanc, et dans la vallée du Nil Bleu, ainsi qu'en amont du confluent de la rivière des Gazelles sur le Nil (Bahr el Djebel).

La mise en culture des immenses et magnifiques terrains du pays des rivières est une affaire beaucoup plus compliquée, dépendant entièrement d'une race de nègres placés très loin du Nil, et il est impossible de rien prévoir à ce sujet pour le moment.

Ces résultats des cultures riveraines du Nil seraient probablement plus importants que ceux qui proviendraient de l'exportation des ivoires, plumes, cires, etc.

Dans ces conditions, il semblerait qu'il n'y a qu'à attendre simplement que le moment arrive où les passions qui ont conduit à la révolte du Soudan étant entièrement calmées et la misère des populations aidant, la marche en avant des Égyptiens puisse se produire sans crainte d'insuccès.

Dangers qui menacent l'Egypte. Malheureusement cette combinaison n'est pas acceptable, car les plus grands dangers extérieurs menacent l'Egypte dans sa richesse et même dans son existence à très-bref délai.

Détournement du Nil dans la Mer Rouge. Avant d'entrer dans l'examen de cette question, il convient d'abord de réduire à néant les craintes résultant de la vieille légende consistant à dire qu'il est possible de rejeter le Nil dans la mer Rouge, avant la sixième cataracte.

D'après Strabon, une coulée de l'Astabora (Nil Atbara) aurait rejoint la mer Erythrée (mer Rouge).

Les Abyssiniens virent longtemps dans leur rivière Takkasé le vrai Nil et croyaient qu'ils pourraient le rejeter dans la mer Rouge, privant ainsi l'Egypte d'eau d'arrosage.

Albuquerque demandait au roi de Portugal de lui envoyer des ouvriers de Madère pour faire creuser un nouveau lit au Nil jusqu'à la mer Rouge.

L'Arioste, dans *L'Orlando Furioso*, chant XXXIII, stance 106, dit textuellement :

Si dice che 'l Soldan, re dell'Egitto,
A quel re dà tributo, e sta suggetto,
Perch'è in poter di lui dal cammin dritto
Levare il Nilo, e dargli altro ricetto,
E per questo lasciar subito afflitto
Di fame il Cairo e tutto quel distretto.
Senapo detto è dai sudditi suoi :
Gli diciamo Priesto o Preteianni noi.

Théodoros prétendait aussi qu'il rejetterait le Mareb dans le Barka pour affamer l'Egypte et forcer le Khédive à demander merci.

Il faut remarquer que cette fable vient principalement de l'Abyssinie, l'éternelle ennemie de l'Egypte, et qui croyait posséder les sources du Nil.

Il suffit de jeter un coup d'œil sur les bassins des divers Nils pour voir que, entre la région des grands lacs et le pays des rivières, le Nil est à une distance énorme de la mer Rouge, dont il est séparé par de nombreux faîtes très élevés, et notamment les montagnes de Kaffa.

Entre le pays des rivières et Khartoum par les montagnes de l'Abyssinie.

Dans la Nubie inférieure, entre Khartoum et Berber et Abou Hamed, la ligne de faîte très connue n'est jamais à moins de 1000 mètres de hauteur.

Cette fable doit donc être rejetée comme ridicule dans l'état des connaissances géographiques actuelles.

Revenons aux dangers que peut courir l'Égypte si elle reste dans l'inaction vis-à-vis du Soudan.

Pour faciliter cette démonstration, il est nécessaire de faire ressortir les dangers qui résultent pour l'Egypte de sa situation dans le bassin hydrologique du Nil.

On définit l'écoulement des eaux d'une rivière par celui du mètre cube par seconde. Ainsi un mètre cube par seconde représente en 24 heures, 24 × 3600 ou 86400 mètres cubes. Pendant un mois de 30 jours on a 2592000 mètres cubes, soit 2600000 et pendant un an 31550000 mètres cubes.

Si on veut compter le débit par jour, on trouve les comparaisons suivantes : Un million de mètres cubes par jour correspond à 11,6, par seconde et 20 millions par jour correspondent à 232$^{m3}$ par seconde.

Les sources d'eau sérieuses du bassin du Nil doivent être considérées à deux points de vue. La saison sèche, qui donne l'eau d'arrosage d'été en Egypte; elle se nomme culture séfi et elle correspond à 3 millions de feddans dans la Basse-Egypte et 450000 dans la Haute-Egypte, et la saison de la crue qui remplit les bassins de culture chetouy qui existent dans toute la Haute-Egypte (1600000 feddans), le feddan représente 4200 mètres cubes.

Des jaugeages faits au confluent des deux Nils Blanc et Bleu à Khartoum ont donné les résultats suivants :

| | Nil Blanc | Nil Bleu |
|---|---|---|
| Crue | 5007$^{m3}$ | 6104$^{m3}$ |
| Etiage | 297 | 158 |

On pourrait peut-être contester ces chiffres comme valeur absolue, mais comme proportion ils sont exacts; et pour les maigres ils correspondent à un débit, au barrage du Caire, de 415 mètres cubes (1873).

NOTA. — L'Atbara ne produit aucun débit d'étiage.

On peut admettre que toutes les sources d'eau importantes du Nil sont comprises dans l'énumération suivante.

### Nil Blanc en amont de Lado.

On y trouve :

Les rivières qui s'écoulent dans le lac Nyanza.

Les rivières qui s'écoulent directement ou indirectement dans le lac N'ziguéh et les rivières qui se jettent dans le Nil Bahr el Djebel, entre le lac Nziguéh et Lado.

Un jaugeage qui, paraît-il, a été très bien fait, attribue à l'ensemble de ces sources un débit d'étiage de 300 mètres cubes et de crues de 900 mètres cubes. On peut supposer avec des apparences suffisantes de raison que ces chiffres peuvent être divisés comme il suit :

Partage des eaux des lacs et du Bahr el Djebe

| | | | | |
|---|---|---|---|---|
| Lac Nyanza....... | 250$^{m3}$ | à l'étiage | 650$^{m3}$ | aux crues |
| Lac N'zigueh...... | 30 | » | 150 | » |
| Au-dessous........ | 20 | » | 100 | » |
| Totaux.... | 300$^{m3}$ | | 900$^{m3}$ | |

On peut en tirer les conséquences suivantes :

Barrage du Nil à la sortie du lac Nyanza

Si l'on désirait, dans un intérêt de navigation ou d'arrosage, faire un barrage de 3 mètres de hauteur à la sortie du lac Nyanza, on pourrait l'établir sur le sommet de la cataracte de Ripon ; il aurait 500 mètres de longueur et coûterait peut-être 500000 livres égyptiennes à 1000000. Or, l'eau versée dans le lac Nyanza et ses affluents pendant toute une année, peut être évaluée, pour six mois d'étiage, à 4 milliards de mètres cubes et pour six mois de crue à 10 milliards, soit un total de 14 milliards.

Le niveau du lac, qui a 50 milliards de mètres carrés, s'exhausserait de 0,30 au plus par année ; il faudrait donc 10 ans pour arriver au niveau de la crête du barrage en absorbant toute l'eau des crues et des sécheresses pendant 10 années.

Perte possible pour l'eau d'été du Nil.

Dans cette situation, l'Egypte serait privée d'une quantité d'eau peu importante pendant les crues, 10 milliards de mètres cubes sur 75 milliards, mais très importante pendant l'étiage, 250 mètres cubes à la seconde contre 455 mètres cubes, quantité reconnue à Khartoum.

On pourrait répéter le même raisonnement si l'on voulait retenir les eaux à la sortie du lac N'zigueh et aux cataractes 7 et 8.

La privation pour l'Egypte serait alors de 300 mètres cubes sur 455, si l'on suppose que 55 mètres sont actuellement perdus par l'évaporation ou les infiltrations avant d'arriver aux cultures de l'Egypte. Le chiffre qui peut être utilisé à Assiout par exemple est aujourd'hui de 400 mètres cubes par seconde. Dans la nouvelle situation, il ne serait que de 130 mètres environ.

Au Caire, où, actuellement dans les saisons les plus sèches, on a toujours 200 mètres cubes par seconde, on n'en aurait plus que 80 ou 100, se serait la ruine la plus complète pour l'Egypte.

### Nil Blanc en amont de Khartoum.

Les affluents principaux sont la rivière des Gazelles, quir ecueille les eaux des pluies de l'immense pays des rivières le Sobat et le Yal, qui se jettent dans le Nil beaucoup plus bas que le confluent du Gazal. Les rivières de la rive gauche peuvent être négligées.

Le jaugeage au confluent des deux grands Nils à Khartoum ayant donné :

| | Pour le Nil Blanc. |
|---|---|
| En crue..................... | 5007$^{m3}$ |
| En maigre................... | 297 |

il faut en déduire les produits précédemment indiqués des affluents en amont de Lado, en crue 900 mètres cubes et en maigre 300 mètres cubes.

On aura donc, pour le débit des affluents du Nil entre Lado et Khartoum :

| | |
|---|---|
| En crue..................... | 4107$^{m3}$ |
| En maigre................... | Néant. |

Mais on doit supposer qu'il y a eu une certaine perte dans les 300 mètres cubes à l'amont de Lado, et il y a certainement un débit d'étiage produit par la rivière des Gazelles, le Sobat et le Yal ; mais cette quantité est négligeable pour nos calculs.

### Nil Bleu à Khartoum.

Le Nil Blanc reçoit le Nil Bleu à Khartoum. On trouve au confluent les débits suivants :

| | Nil Blanc | Nil Bleu |
|---|---|---|
| Crue........................ | 5007$^{m3}$ | 6104$^{m3}$ |
| Maigre...................... | 297 | 158 |

### Nil au confluent de l'Atbara.

Le Nil Atbara a une crue importante, mais aucun débit à l'étiage; il est toujours à sec pendant les maigres. Atbara.

Revenons sur ces chiffres et prenons le Nil au confluent du Sobat.

Il y a là un point hydrographique des plus importants, par suite de la configuration du pays, qu'il faut voir sur la carte pour bien comprendre cette question. Confluent du Sobat.

D'un côté, depuis l'embouchure du Sobat, sur 250ᵏ en amont, le Nil coule dans des marais, et la navigation est très-difficile et souvent impossible à cause des îles d'herbes d'une surface considérable et qui sont enracinées dans le sol.

D'un autre côté, en remontant vers le sud, la pente est très faible. En effet, le confluent des Nils à Khartoum est à la cote 430 mètres et Donfilé à la cote 600, différence 170 mètres. Les cataractes Nᵒˢ 7 et 8 sont comprises dans cette partie du Nil.

On ne peut donc admettre qu'il y ait une différence de niveau supérieur à 120 mètres entre Lado et Khartoum sur 1500 kilomètres de fleuve au moins. La pente moyenne est donc de $0^{m},08$ par kilomètre, et comme elle va en diminuant vers le nord, on peut admettre 0,05 par kilomètre au Sobat.

Or, il est possible de faire un barrage coûtant 500 à 600 mille livres et ayant 15 mètres de hauteur à quelques kilomètres en aval de l'embouchure du Sobat. Ce barrage constituerait un lac qui aurait la surface ci-après : Barrage en aval du confluent du Sobat.

Dans le Sobat, qui est actuellement navigable sur 300 kilomètres, 500 kilomètres carrés :

Entre les cours des Nils Bahr el Djebel et Bahr El Zaraf 250 kilomètres × 30 kilomètres = 7500 kilomètres carrés.

Sur les bords du Gazal et de ses affluents, le Rol, le Djour, etc, 200 kilomètres × 10 = 2000 kilomètres.

Lac de 10,000 kilomètres carrés.

Soit un total de 10000 kilomètres carrés ou 10 milliards de mètres carrés qui, avec 7 mètres 50 de hauteur moyenne, permettrait d'approvisionner 75 milliards de mètres cubes d'eau environ.

L'établissement de ce réservoir, dont la surface serait le 1/5 de celle du lac Nyanza, produirait les avantages suivants :

1° La navigation serait assurée en tout temps.

2° La mortalité par les fièvres paludéennes seraient supprimée.

3° Il serait possible de faire pénétrer avec des bateaux à vapeur la civilisation dans les contrées du pays des rivières, extrêmement fertiles.

4° Les insectes si dangereux dans ces pays pour les hommes et les animaux domestiques disparaîtraient.

5° Des pluies nouvelles viendraient fertiliser la partie sud du Kordofan où se trouvent surtout les gommes de bonne qualité.

6° L'Egypte pourrait utiliser cette masse d'eau sur les deux rives du Nil et employer toute l'eau du Nil Bleu sur les terrains riverains de ce fleuve.

7° Enfin ce réservoir pourrait servir à emmagasiner une partie des crues excessives.

Cet exposé relatif aux opérations possibles à l'aval du confluent du Sobat démontre que si elles étaient faites contre l'Egypte, elles lui seraient non moins funestes que celles indiquées pour le lac Nyanza.

Utilisation des eaux du Kharif dans l'Oued Malek.

Nous devons ici noter l'opinion qui existe dans l'esprit des populations du Kordofan et du Dar Four qu'il serait possible de conserver les eaux du Kharif dans un grand bassin à l'amont de la vallée de Foga, et par ce moyen assurer un arrosage complet d'été dans la vallée de l'Oued-Malek et même une navigation pendant deux mois, qui permettrait de porter facilement les produits à Dongola.

# QUATRIÈME PARTIE

## PROPOSITIONS ET CONCLUSIONS

Les trois premières parties de cette étude ont démontré combien la richesse et même l'existence de l'Egypte dépendent de l'état des eaux dans tout le cours du haut Nil jusques et y compris le lac Nyanza.

Les dangers sont de deux natures entièrement distinctes :

1° Diminution du volume des eaux d'étiage.

2° Exagération du volume des crues.

Ils peuvent être le résultat d'accidents météréologiques, de l'emploi des eaux supérieures pour des usages nécessaires dans les contrées riveraines, ou enfin d'opérations dues à la malveillance comme celles que nous avons indiquées ci-dessus de la part d'Albuquerque, dans les temps anciens, et du roi Théodoros d'Abyssinie, de nos jours.

Il convient de les définir d'une manière nette et en chiffres précis.

### 1° DIMINUTION DES EAUX D'ÉTIAGE.

J'ai cité dans ma communication à l'Institut égyptien du 6 février 1891, le tableau ci-dessous qui prouve que le débit d'eau d'étiage décroit depuis plusieurs années.

Accidents météréologiques.

Cote minima au nilomètre d'Assouan le 6 juin de chaque année et comparaison.

| ANNÉES | PICS | KIRATS | TOTAUX ET MOYENNES | ANNÉES MAUVAISES | | | ANNÉES MÉDIOCRES | | |
|---|---|---|---|---|---|---|---|---|---|
| | | | | P. | K. | | P. | K. | |
| 1877 | 2 | 3 | | | | Cinq mauvais Nils. | | | Quatre médiocres Nils. |
| 1878 | 0 | 7 | 13 p., 10 k. en total. | 0 | 7 | | | | |
| 1879 | 6 | 1 | 2 p., 16 k. 1/2 en moy. | | | | | | |
| 1880 | 3 | 4 | | | | | | | |
| 1881 | 1 | 19 | | | | | 1 | 19 | |
| 1882 | 0 | 20 | 7 p., 24 k. en total. | 0 | 20 | | | | |
| 1883 | 1 | 17 | | | | | | | |
| 1884 | 2 | 11 | 1 p., 12 k. 1/2 en moy. | | | | 1 | 17 | |
| 1885 | 0 | 20 | | 0 | 20 | | | | |
| 1886 | 1 | 14 | | | | | | | |
| 1887 | 2 | 14 | 6 p., 19 k. en total. | | | | 1 | 14 | |
| 1888 | 1 | 11 | 1 p., 7 k. en moyenne. | | | | | | |
| 1889 | 0 | 13 | | 0 | 13 | | 1 | 11 | |
| 1890 | 0 | 13 | | 0 | 13 | | | | |

Ainsi depuis 14 ans on compte cinq années mauvaises, quatre médiocres et cinq bonnes, et depuis dix ans, 4 années mauvaises, 4 médiocres et deux bonnes.

Les années 1891 et 1892 ont été mauvaises notamment par l'augmentation de la durée de l'étiage.

Il n'y a donc plus à hésiter un moment et il faut admettre que les étiages du Nil vont en diminuant et que la durée des basses eaux augmente.

On emploie maintenant pour distribuer les eaux du Nil dans la Basse-Egypte le système de la rotation qui exclut presque la culture du riz, et bien des terres restent incultes ou mal cultivées faute d'eau.

Utilisation des eaux d'étiage dans la partie haute du fleuve.

Il n'est pas douteux que l'utilisation des eaux d'étiage dans les parties hautes du fleuve est très désirable au point de vue de l'intérêt général et on ne pourrait sérieusement s'y opposer. Les nations européennes qui occupent maintenant le lac Nyanza et ses rives chercheront certainement à améliorer les conditions d'existence des populations riveraines du lac ou des cours d'eau qui en dépendent.

Le volume de ces eaux n'est pas considérable : 250 mètres cubes par seconde, qui pourront peut-être être absorbés en tout ou en partie.

Dans ce cas, l'Egypte serait alors réduite à quelques provinces misérables.

Opérations dues à la malveillance

Il est inutile de nous étendre sur cette question et les chiffres cités dans la troisième partie de cette étude prouvent suffisamment qu'il serait facile de réduire le débit du Nil à l'étiage à un chiffre qui ne permettrait presque aucun arrosage.

CRUES.

Accidents météréologiques.

En général on peut dire que si les débits d'étiage de la plupart des fleuves du monde vont en décroissant, il n'en est pas de même de l'importance des crues. Le Nil est soumis à la loi générale.

En 1874, 1877, 1887, des crues considérables ont ravagé la vallée du Nil et produit bien des désastres. Si en 1892 la crue eut augmenté seulement de 0,30 à 0,40 centimètres, des malheurs irréparables n'auraient pas été évités.

Ces crues débitent, paraît-il, 75 milliards de mètres cubes en 5 ou 6 mois.

Il serait donc bien désirable de pouvoir, comme on prétend que cela se faisait dans des temps très reculés, diminuer le débit au moment maximum de la crue. On serait ainsi à l'abri de toute éventualité redoutable. Un réservoir pouvant contenir de 15 à 20 milliards de mètres cubes serait suffisant à cet effet.

**Usage des eaux dans les parties hautes du fleuve.**

Il peut arriver que dans le haut Nil ou dans les lacs on retienne les eaux pour des usages d'irrigation ou de navigation très légitimes et qu'on les lâche ensuite sans se préoccuper des dangers qui peuvent résulter pour les riverains du bas Nil.

Ainsi et d'après cette observation, il peut arriver que l'usage judicieux et éminemment utile de ce volume d'eau dans les parties hautes du fleuve vienne produire en Egypte, par exemple, une augmentation de volume des eaux d'une crue au moment où elle est arrivée à son maximum au Caire et y occasionner de cette manière des malheurs irréparables.

**Opérations dans le Haut Nil dues à la malveillance.**

Ces opérations peuvent prendre des proportions très grandes.

Pour le démontrer, il suffit de remarquer que le lac Nyanza, le lac N'zigueh ou un réservoir au Sobat peuvent emmagasiner dans peu de temps de 70 à 90 milliards de mètres cubes d'eau qui peuvent être lâchés très rapidement et augmenter de plusieurs mètres la hauteur des grandes crues de la vallée du Nil.

Si cette opération était réalisée, les villes, les canaux, les digues seraient détruits et la plus grande partie de la population périrait par l'inondation ou par le manque de nourriture. Entre cette opération extrême et d'autres bien plus facilement réalisables encore, on peut concevoir bien des hypothèses dangereuses pour l'Egypte.

Les hypothèses et les chiffres ci-dessus seraient donc décourageants et pourraient être considérés comme bien redoutables si l'on ne pouvait indiquer en même temps les moyens de parer à ces diverses éventualités.

A cet effet, je vais traiter d'abord les questions d'étiage puis celles des crues.

**Amélioration des étiages du Nil.**

Depuis mon arrivée en Egypte et notamment dans mes communications à l'Institut égyptien du 6 février 1891 et 26 décembre 1891, je n'ai cessé d'appeler l'attention sur la nécessité urgente de construire dans le haut Nil des réservoirs d'eau qui ont été du reste réclamés de tout temps par les populations de l'Égypte.

Réservoirs dans le lit même du Nil.

Dans ces rapports, j'ai démontré pour la première fois la posssibilité de construire des réservoirs dans le lit même du Nil, solution très facilement réalisable et qui n'avait jamais été proposée jusqu'à ce jour.

Je crois de mon devoir de rappeler ici que j'ai déjà constaté que les observations qui précèdent ne doivent d'ailleurs, dans aucun cas, diminuer l'importance des services que les travaux de M. de Lamothe sur cette question des réservoirs ont rendu à l'Égypte.

Quoiqu'il en soit aujourd'hui, l'opinion est bien fixée et la nécessité de un ou plusieurs réservoirs pouvant doubler ou tripler la quantité d'eau d'étiage n'est plus à discuter.

Seulement on ne peut mettre en doute que si cette opération est indispensable, on doit reconnaitre qu'elle n'est pas suffisante. Il sera, en effet, toujours nécessaire pour l'Egypte d'avoir à sa disposition des quantités d'eau bien autrement grandes que celles qui pourraient fournir des réservoirs restreints comme ceux du haut Nil.

De grandes masses d'eau d'étiage permettraient en effet d'augmenter presque indéfiniment les surfaces irriguées actuellement et de réduire considérablement les impôts. Cette réduction s'impose en effet en présence de la lutte agricole et commerciale qui s'est établie entre les peuples, et dont la conséquence est la baisse du prix des matières premières dans le monde entier.

Nécessité urgente d'immenses réservoirs au Sobat et au lac Nzigueh.

Ces grandes quantités d'eau d'étiage peuvent être obtenues par deux réservoirs immenses que l'on peut établir à l'aval de l'embouchure du Sobat et au lac Mououtan N'zigueh, ainsi que nous l'avons établi dans la troisième partie de cette étude.

Ces immenses réservoirs auraient en outre l'avantage de permettre et d'assurer la correction des crues excessives.

Ainsi le lac N'zigueh a 4600 milliards de mètres carrés. Un barrage de 20 mètres de hauteur à sa sortie coûterait probablement 400 à 500 mille livres et permettrait d'emmagasiner 92 milliards de mètres cubes, c'est-à-dire six fois toute la production d'eau qui se déverse annuellement dans le lac Nyanza. Il n'y aurait donc aucun danger à y recevoir toute la quantité d'eau qu'il serait possible de déverser du lac supérieur.

On pourrait ensuite l'évacuer dans les étiages ou Nils moyens sans aucun danger pour l'Egypte.

Il en serait de même pour le réservoir placé en amont du Sobat, il coûterait aussi 400000 à 500000 livres et pourrait recueillir 75 milliards de mètres cubes d'eau.

Il résulte de ces considérations que l'occupation de ces points importants du cours du Nil, Khartoum, le Sobat, Donflé, le lac Mououtan N'zigueh est indispensable non seulement à l'agrandissement de la surface cultivée de l'Egypte et à la diminution des impôts, mais même à sa sécurité.

**Nécessité de l'occupation du Nil par l'Egypte jusqu'au lac Mououtan N'zigueh.**

Comme conséquence, on voit que diverses mesures sont à prendre immédiatement.

**Décision à adopter immédiatement.**

1° Construction d'un ou deux réservoirs pouvant doubler le volume d'étiage actuel. Un seul suffirait probablement pour le moment.

2° Construction d'un chemin de fer permettant de franchir en toute saison les cataractes du « Ventre de pierre ».

3° Amélioration du haut Nil au delà de Dongola pour prendre possession du fleuve jusqu'au lac Mououtan N'zigueh.

Examinons-les successivement.

Du moment que l'Egypte doit nécessairement recouvrer le cours du Nil dans ses anciennes provinces jusques au lac Mououtan N'zigueh, je crois que la construction d'un seul réservoir suffirait pour le moment, il devrait être établi à Kalabcha. Le mur devrait avoir 22 mètres de hauteur au-dessus de l'étiage, j'en ai fait faire l'avant-projet très exact et je puis affirmer qu'ainsi que je l'ai toujours indiqué, il coûterait 400000 livres. Par suite d'une série de questions qu'il serait inutile d'expliquer ici, c'est ce projet que j'ai visé dans ma communication à l'Institut égyptien du 20 novembre 1891 et non un mur de 17 mètres de hauteur ainsi qu'il a été prétendu.

**Réservoirs de Kalabcha et de Djebel Silsileh.**

On peut admettre qu'il contiendra de 2 ½ à 3 milliards de mètres cubes, et l'adjonction de cette quantité d'eau à l'étiage actuel du Nil donnerait une satisfaction suffisante pour pouvoir attendre la construction du réservoir du Sobat de 75 milliards de mètres cubes.

Nous savons que des entrepreneurs sont prêts à construire le réservoir de Kalabcha.

Une fois pour toutes, je crois devoir déclarer ici que j'ai adopté pour position de ce réservoir les gorges de Kalabcha pour divers motifs.

1° Il ne gênera pas les populations riveraines du Nil, à peu près désert d'Assouan à Wadi-Halfa.

2° M. le colonel Ross a proposé cette gorge comme emplacement du réservoir. Voir à ce sujet le rapport publié par le Gouvernement en 1891, il dit textuellement:

« Le site de Kalabcha présente de plus grandes difficultés de construction que celui d'Assouan, le fleuve, s'y étant creusé un lit plus profond, mais le roc y est bon, bien qu'il ne soit pas aussi dur que celui d'Assouan. Le barrage de Kalabcha, s'il était maintenu à la cote 115, qui est la même que celle d'Assouan, ne submergerait aucune ruine ni aucun temple.

« Kalabcha est à 50 kilomètres de la tête de la cataracte d'Assouan, il se perdrait aussi une quantité considérable d'eau emmagasinée si on maintenait le même niveau que celui d'Assouan.

« Le barrage de Kalabcha pourrait toutefois être élevé de 3 mètres en plus et donnerait de cette manière les mêmes résultats ou même des résultats supérieurs à ceux du barrage d'Assouan, car la vallée s'élargit vers le sud. »

Je ne suis d'ailleurs nullement opposé à toute autre position pour ce barrage, Djebel Silsileh par exemple. Des projets sérieux d'exécution peuvent seuls permettre une solution définitive. Dans la position de Silsileh, le prix de construction serait réduit à bien moins de 400000 L. E.

Dans le cas où un seul réservoir ne paraitrait pas suffisant, on pourrait en construire un autre sur la cataracte de Kaybar, et qui coûterait aussi moins de 400000 L. E.

J'ai étudié en détail le projet de ce réservoir.

Construction de chemins de fer et amélioration du cours du Nil.

Par la même occasion, j'ai étudié aussi les améliorations à faire pour permettre de franchir toutes les cataractes jusqu'à Berber. Voici le résultat de cette étude :

De Guirgueh à Assouan, la construction d'un chemin de fer s'impose à bref délai. A partir de ce point on peut utiliser la voie fluviale jusqu'à Wadi-Halfa ou y construire un chemin de fer à voie étroite pour rejoindre celui qui existe entre Wadi-Halfa et Sarras.

Ce chemin de fer avait été autrefois prolongé jusqu'à Farkah, point situé à l'amont de Dal, le dernier rapide du « Ventre de pierre. » On pourrait le rétablir et avoir un chemin de fer de Guirgueh à Farkah.

L'établissement de chemin de fer entre Guirgueh et Sarras pourrait être concédé à une compagnie avec garantie d'intérêt qu'il produira lui-même et bien au delà. Cet établissement n'exigera donc aucun débours.

Entre Farkah et Dongola on ne trouve d'autres obstacles que la cataracte de Kaybar et le rapide de Hannek, qui seront facilement rachetés par un barrage éclusé.

De Dongola à Guerendib, le Nil est navigable en tout temps.

De Guerendib à Berber, la navigation est de nouveau interrompue par des rapides ou des cataractes, et il est nécessaire de constituer une navigation non interrompue entre ces deux points. J'ai étudié à ce sujet un avant-projet comportant six barrages avec écluses coûtant ensemble 380000 L. E.

Une somme à valoir de L. E. 120000 environ sera employée dans les cas imprévus, correspondants aux ouvrages divers à exécuter.

Les travaux qui viennent d'être indiqués coûteront les sommes suivantes :

| | | |
|---|---|---|
| 1° Chemin de fer de Sarras à Farkah......... | L. E. | 50000 |
| 2° Barrages effaçant les cataractes de Kaïbar et Hannek.............................. | » | 100000 |
| 3° Navigation entre Guerendib et Berber..... | » | 380000 |
| 4° Somme à valoir.............................. | » | 120000 |
| Total...... | L. E. | 650000 |

Moyennant la dépense de cette somme, on disposera d'un chemin de fer sans interruption d'Alexandrie à Farkah, point situé au delà de Wadi-Halfa, à l'extrémité sud du « Ventre de pierre » soit 1300 kilomètres, dont 700 environ à voie large et 600 à voie étroite, qui sera suivi d'une navigation non interrompue en toute saison entre Farkah, Khartoum et Lado.

Au sud de Lado, on se trouve en présence d'une nouvelle portion du Nil, difficile et même impossible à franchir en toute saison.

On y rencontre, en effet, la 7e cataracte (Donfilé) et la 8e cataracte, qui, d'après tous les renseignements, seraient de la même nature que celles situées au sud du « Ventre de pierre. »

On peut présumer qu'elles pourraient être améliorées avec une dépense de 40000 L. E.

A partir de la 8e cataracte, le Nil peut être parcouru en toute saison par des bateaux à vapeur, sans difficulté, jusqu'au lac N'ziguch.

**Conclusions. Division du cours du Nil en deux parties.**

La nature même des questions qui viennent d'être soulevées ci-dessus amène à diviser toute cette longueur du Nil en deux parties.

La première, de Guirgueh jusqu'au confluent du Sobat exclusivement.

La seconde depuis le confluent du Sobat inclusivement et y compris le lac N'ziguch.

Je vais les examiner successivement pour résumer toutes mes études et propositions précédentes.

Je propose :

**Vallée du Nil de Guirgueh au Sobat.**

1° De concéder, avec garantie d'intérêt de 4%, à une compagnie, un réseau à voie étroite de Guirgueh à Farkah, y compris les lignes militaires existant aujourd'hui devant la cataracte d'Assouan et devant celle de Wadi-Halfa. Aucune dépense de construction ou d'exploitation ne doit résulter à mon avis de cette concession.

2° De construire le réservoir de Kalabcha, 50 kilomètres au sud d'Assouan, qui coûtera 400000 L. E.

La création de ce réservoir donnera lieu à divers travaux dans l'intérieur de l'Égypte pour utiliser entièrement l'eau nouvelle disponible.

Ainsi que l'a déclaré M. le colonel Moncrieff dans son rapport publié en 1891, il y aurait lieu de modifier bien des canaux, d'en créer d'autres, etc., et il évalue le minimum de la dépense totale à faire à ce sujet à L. E. 600000 « pour adapter à l'irrigation séfi les bassins d'Assiout, Minieh, Béni-Souef et Guirgueh, augmenter les canaux du Fayoum et étendre le réseau des ouvrages d'art dans le Béhéra et les autres provinces du Delta ».

Il faudra construire aussi un barrage de 2 mètres de hauteur dans le lit du Nil, et un autre barrage régulateur dans le canal

Ibrahimieh, pour pouvoir augmenter à volonté le débit de ce canal, J'ai fait préparer à cet effet un projet qui donne comme estimation. 200.000 L. E.

L'ensemble de ces dépenses doit donc être porté à

400000 + 600000 + 200000 L. E., soit 1200000 L. E.

et en tenant compte des expropriations, à 1270000 L. E. (voir ma communication à l'Institut égyptien du 26 décembre 1891).

3° De canaliser le Nil de Guérendeb jusqu'à Berber, au moyen de canaux éclusés qui coûteraient 650000 L. E.; total général des dépenses 1920000 L. E.

A la suite de ces travaux, voici les augmentations de richesse qui se produiraient en Égypte.

Je prends d'abord les bénéfices qui résulteraient de l'augmentatio du volume des eaux d'étiage (voir ma communication du 26 décembre 1891 à l'Institut égyptien).

M. Wilcocks l'a évalué dans son rapport, qui a été publié par le Gouvernement pour la Basse-Égypte, à ......... L. E. 2050000 — *Bénéfice annuel pour le public.*

et pour la Haute-Égypte.......................... » 4175000

Total....... L. E. 6225000

En appliquant les règles financières actuelles à ces 6225000, on obtiendrait une plus-value dans les impôts fonciers de.................................... L. E. 2310000 — *Bénéfice pour l'imposition foncière.*

Nous avons admis dans la communication précitée que le bénéfice pour les impôts indirects seraient de.................................... » 231000 — *Bénéfice que l'on obtiendrait par les impôts indirects.*

Total.... L. E. 2541000

J'ai évalué dans la même communication le bénéfice pour le chemin de fer à 369000 L. E. — *Bénéfice pour le chemin de fer.*

Je passe maintenant aux bénéfices qui résulteraient de l'ouverture d'une voie navigable et ferrée entre Alexandrie, le Caire et le Soudan.

Le tonnage qui existait entre le Soudan et Souakim d'un côté, et le Caire de l'autre, s'élevait avant la révolte à 25000 tonnes. L'ouverture d'une navigation assurée sur le Nil l'augmenterait dans de grandes proportions bien certainement. Je ne tiendrai néanmoins compte que du chiffre d'autrefois, 25000 tonnes, auquel on appliquera un tarif de 4 L. E. par tonne.

On obtiendra ainsi 100000 L. E.

Pour le tonnage provenant des cultures dans la vallée du Nil et les voyageurs correspondants, j'ai admis dans la communication précitée 150000 L. E.

Total du bénéfice pour le chemin de fer : 250000 L. E., qui, ajoutées au 369000 ci-dessus, donnent 619000.

Bénéfice pour le public.

Il est impossible de chiffrer les bénéfices qui résulteraient pour le public de la réouverture du Soudan au commerce égyptien, mais ils seront certainement très considérables.

Sans en tenir compte, on peut donc dire que le Gouvernement retirerait bien certainement de l'ensemble des constructions, coûtant 1,920,000 L. E. ci-dessus indiquées, un revenu annuel :

| | | |
|---|---|---|
| Par les impôts directs ou indirects........... | L. E. | 2545000 |
| et par le chemin de fer........................ | » | 619000 |
| Total..... | L. E. | 3164000 |

Est-il possible de croire que le Gouvernement ne pourra pas se procurer la somme correspondante aux dépenses précitées de 1,920,000 L. E., en présence de la certitude de recettes aussi considérables ?

Si cette thèse était soutenue, on pourrait répondre que les gouvernements de l'Europe permettraient bien certainement d'y appliquer les parties réservées du bénéfice de la conversion, dans l'intérêt même des créanciers de l'Egypte.

Il convient ici de répondre à une objection qui pourrait venir à l'esprit des personnes qui ne connaissent pas l'Égypte et le Soudan.

On pourrait objecter, par exemple, que l'exécution de ces travaux exigerait des mouvements militaires importants et peut-être imprudents, dans tous les cas douteux.

Je répondrai qu'à mon avis, l'exécution de ces travaux n'exigera aucun mouvement militaire et ne coûtera au gouvernement égyptien aucune dépense supplémentaire.

Il faut observer en effet,

1° Que ces travaux sont tous placés dans la vallée même du Nil.

2° Que les ouvriers des entrepreneurs seront organisés militairement par groupes de 200 à 300 et seront soutenus par des fortins indispensables pour le gardiennage des provisions, des armes, des munitions, etc.

3° Que les nombreuses embarcations nécessaires pour les travaux seront de véritables chaloupes-canonnières blindées et inattaquables pour les armes surannées des populations du Soudan, qui n'auront dans la vallée du Nil aucun abri contre les armes modernes et ne sont redoutables que dans le désert, mais nullement dans cette vallée.

Ce qui est certain, c'est qu'une fois le Nil canalisé par toute saison, rien n'empêchera des chaloupes canonnières blindées et spécialement construites pour le Nil, de remonter le fleuve jusqu'à la 7° cataracte, en amont de Lado, sans qu'aucune résistance sérieuse puisse leur être opposée par les populations riveraines incapables de combattre contre des engins de guerre de cette nature qui pourraient se remiser dans des îles ou même sur des points de la berge dominant la plaine et servant de dépôt de charbon.

Les riverains viendront bien certainement apporter leurs produits pour les échanger contre les objets fabriqués qui leur seront nécessaires. Le commerce du Soudan reprendra donc immédiatement son activité ancienne.

Vallée du Nil du Sobat au lac Mououtan Nzigueh.

Les observations qui précèdent me dispensent de m'étendre sur les opérations que fera l'Égypte dans la seconde partie du fleuve. D'autant plus que ces populations sont des nègres bien doux, très faciles à dominer et incapables de la moindre résistance.

Les travaux à y faire consistent :

1° A construire à l'aval de l'embouchure du Sobat le barrage indiqué dans la 3° partie de ce rapport, de 15 mètres de hauteur, qui créera un lac artificiel de 10,000 kilomètres carrés, et qui présentera les avantages décrits dans la troisième partie de cette étude, coût........................................ L. E. 500,000

2° A canaliser le Nil entre les 7° et 8° cataractes, dépense........................................ » 400,000

Total.... L. E. 1,300,000

Cette somme sera facilement trouvée par le Gouvernement égyptien, déjà enrichi par les opérations de la première partie du Nil.

Supposons donc tous ces travaux exécutés :

Comme eau d'étiage, l'Égypte pourra, en dehors du réservoir de Kalabcha emmagasiner, au moyen du réservoir du Sobat le volume qu'elle voudra. En effet, une décantation de 2 à 3 mètres de hauteur dans ce réservoir donnera plus de 20 milliards de mètres cubes d'eau, c'est-à-dire cinq fois le volume d'eau d'étiage actuel.

En cas de danger d'une crue excessive, le service des eaux pourra toujours, au Sobat, remplacer la tranche d'eau ainsi vidée pendant l'étiage, et arrêter dans le vide correspondant un tiers au moins du volume des grandes crues ordinaires.

On pourra donc parer à toute éventualité et régler l'écoulement du Nil suivant la volonté du directeur des irrigations de l'Égypte, tant par le volume d'eau d'étiage que pour celui des crues.

Le réservoir du lac N'zigueh, qui pourra renfermer 92 milliards de mètres cubes d'eau, pourra jouer un rôle analogue à celui du Sobat.

Dans ces conditions, la population de l'Égypte croîtra presque indéfiniment et le pays deviendra un des plus riches du bassin méditerranéen.

Le Caire, le 20 janvier 1893.

*L'Administrateur français*
*des Chemins de fer égyptiens,*
PROMPT.

www.ingramcontent.com/pod-product-compliance
Ingram Content Group UK Ltd.
Pitfield, Milton Keynes, MK11 3LW, UK
UKHW020958230726
13923UKWH00007B/1790